DISCOURS

SUR LES DIVERSES BRANCHES

D'INSTRUCTION

CULTIVÉES

DANS LES ÉCOLES SECONDAIRES,

ET SUR LEUR RAPPORT

Avec la Morale et l'Entendement humain;

Par E. BOULEAU,

Directeur d'une École Secon

A ARRAS,

De l'Imprimerie de F. DÉPREZ, Libraire,
Rue de Saint-Aubert.

AN XIII.—1805.

DISCOURS

SUR LES DIVERSES BRANCHES

D'INSTRUCTION

Cultivées dans les Écoles secondaires,

ET SUR LEUR RAPPORT

AVEC LA MORALE ET L'ENTENDEMENT HUMAIN.

Impellimur naturâ, ut prodesse velimus quam plurimis, in primisque docendo, et tradendis comparandæ prudentiæ rationibus. Cic:

Qu'il est difficile l'art d'élever l'enfance, de former des hommes! Quelle tâche immense il s'impose celui qui se charge d'un pareil fardeau! Comptable envers le Ciel, comptable envers la Patrie, comptable envers les Pères de famille, quelle effrayante responsabilité pèse sur sa tête! Comment se trouve-t-il des hommes pour se livrer à des fonctions si pénibles? Quel est donc ce penchant irrésistible, cette invincible vocation pour un état si austère? Quelle compensation retirent-ils de leurs travaux, de leur sollicitude, ces mortels courageux qui se dévouent à l'éducation de la Jeunesse? Que parlez-vous de compensation? en existe-t-il, en peut-il exister pour les soins d'un Fils qui vous seroit rendu avec un bon cœur, un esprit cultivé, des inclinations droites; d'un Fils qui feroit

votre bonheur et la consolation de vos vieux jours ?
O vous, qui connoissez le prix de l'éducation, vous
savez bien que ces choses-là ne se paient pas ! c'est
dans la satisfaction d'avoir bien fait que l'Instituteur
trouve son salaire. Si la conscience ne payoit pas elle-
même nos bonnes actions, recevroient-elles jamais
leur récompense ?

Mais pour qu'un Instituteur soit satisfait de soi-
même, pour qu'il puisse s'applaudir de ses efforts,
suffit-il qu'il fasse tout ce qu'il peut ? non, sans doute,
il faut encore qu'il fasse tout ce qu'il doit et de la
manière qu'il le doit. Il faut donc qu'à une parfaite
connoissance de ses devoirs, il joigne les moyens de
les remplir : mais, ces moyens, osera-t-il les appré-
cier lui-même, osera-t-il prononcer dans sa propre
cause, osera-t-il croire qu'il ne laisse plus rien à désirer ? une semblable présomption n'est pas à supposer.
Il cherchera donc à s'en assurer, soit en consultant
des hommes plus instruits ou plus expérimentés que
lui, soit en exposant le résultat de ses méditations,
en publiant ses vues, ses procédés ; en un mot, en
rendant le public juge de ses travaux. Ce n'est point
ici un Écrivain qui cherche à se montrer, c'est un
Instituteur qui désire perfectionner l'art qu'il professe, c'est un compte qu'il rend, c'est un devoir
qu'il remplit et dont il espère retirer pour lui-même
et la jeunesse qui lui est confiée les plus grands
avantages.

Combien le sort de l'enfance ne s'est-il pas amé-
lioré depuis bientôt un siécle que les réfléxions se
sont tournées sur cet âge intéressant ! On ne veut
plus croire aujourd'hui qu'il ait existé des pères assez
durs pour vouloir se priver des premières caresses

de leurs enfans, des mères assez insensibles pour tarir dans leur sein le lait qui devoit les nourrir, et des préjugés assez barbares pour sanctionner de pareils abus. Il a fallu que la raison indignée s'élevât contre cette dépravation énorme, qu'elle dissipât toutes les illusions de l'esprit et vint réveiller tous les sentiments du cœur; il a fallu que la nature elle-même, en habit de deuil, vint plaider la cause de ces êtres infortunés. Elle eut à combattre et les allarmes des uns sur la complexion délicate d'une épouse chérie, et les inclinations des autres que les plaisirs disputoient encore à l'hymen : mais enfin, cette mère commune triompha de toutes les oppositions. Dès que les charmes de la maternité furent connus, on ne trouva plus de mères qui voulussent se séparer du fruit de leur amour; elles le portèrent avec gloire sur leur sein; il devint pour elles la parure la plus chère et la plus respectable, et bientôt toutes les épouses et celles prêtes à le devenir n'aspirèrent plus qu'à un si grand bonheur.

Mais les soins d'une mère ont leur terme. Il vient un temps où l'enfance a besoin d'un lait plus substantiel, d'un aliment plus solide ; et ici, c'est aux pères que la nature s'adresse, c'est à eux qu'elle confie le soin le plus cher, celui d'où dépend le bonheur de leurs enfants, leur éducation. Quel autre qu'un père est capable de remplir cette tâche ? Est-il quelqu'un qui puisse, comme lui, allier à tant de douceur tant de patience, de zèle et de désintéressement ? en est-il qui puisse inspirer plus de courage, d'émulation et de confiance ? Jusqu'où n'ira pas un enfant conduit par un tel guide ? dégoûts, peines, difficultés, contradictions, un regard de son père lui fera tout vaincre.

Ah ! sans doute , s'il est un regret pour un père , c'est celui de ne pouvoir toujours céder au penchant qui l'entraîne vers l'éducation de son fils. Mais tous ne peuvent se livrer à un si saint ministère. La Patrie a besoin des lumières et des travaux des uns ; la subsistance d'une famille nombreuse réclame les soins ou les bras des autres. Obligé d'obéir à cette voix impérieuse, on cherche avec inquiétude un ami, un autre soi-même sur qui on puisse se reposer d'un soin si important. Mais où le découvrir cet ami, cet autre soi-même ? le trouvera-t-il dans celui qui vend l'instruction ? pas plus qu'il ne trouvera une mère dans celle qui trafique de son lait. Il y a des métiers si nobles, a dit un célèbre Écrivain, qu'on ne peut les faire pour de l'argent, sans se montrer indigne de les faire ; tel est celui de l'homme de guerre, tel est celui de l'Instituteur.

Cependant, supposons que vous l'ayez rencontré, cet homme rare, cet ami précieux que vous avez cherché, que la renommée de ses talents et de ses vertus vous a fait découvrir, que vous avez introduit chez vous pour remplir votre place auprès de vos enfants. Revêtu par vous du sacerdoce paternel, vous lui devez le premier le respect, les égards que tout ce qui vous environne doit avoir pour lui. Ses ordres pour tout ce qui le concerne seront absolus, lui seul pourra les restreindre, les étendre ou les révoquer. Vous verrez sans en paroître ému les larmes de votre fils, vous serez sourd à ses plaintes, insensible à ses caresses. Si quelquefois il trouve en vous un avocat, son Instituteur sera toujours son juge, et vous ne vous érigerez jamais auprès de lui en tribunal d'appel. Vous sentez-vous la force de céder une semblable autorité ?

ou plutôt en jouissez - vous pour la donner ? n'est-ce point votre femme ou votre fils qui la possède, et dans ce cas, pensez-vous qu'ils veuillent s'en dessaisir ? et d'ailleurs, dépend - il toujours d'une mère de commander à son émotion ? est-ce sa faute, si elle n'a pas la force d'entendre les cris de cet arbre qu'on redresse avec effort, si elle frémit à la vue de la serpe impitoyable qui va retrancher ces branches divergentes et parasites qui détournent la sève du cœur. La nature n'a fait les mères que pour aimer. C'est dans le cœur d'un père qu'elle a réuni à la tendresse la plus vive cette fermeté nécessaire pour élever et instruire ses enfants. C'est donc à lui, s'il ne peut se livrer lui-même à leur éducation, ni les faire élever sous ses yeux, d'arracher de bonne heure ces jeunes rejettons au tronc qui les produit, l'ombre * de leur mère les étoufferoit, les empêcheroit de croître et de porter du fruit. Ce sont des tiges qu'il faut transplanter : mais quelle terre leur convient et quelle main chargerez-vous de leur culture ? nouvelle difficulté non moins grande que la première.

Ce qui arrête d'abord dans ce choix embarrassant, c'est l'aversion des enfants pour les écoles. On est surpris de cet éloignement : rien pourtant de plus naturel. Est - il un sort comparable à celui dont ils jouissent dans la maison paternelle ? leur cœur ne tient-il point à tout ce que la nature leur a donné de plus cher, à la douce habitude de voir leurs parents, de s'entretenir avec eux, de recevoir leurs caresses,

---

* *Nunc altæ frondes et rami matris opacant,*
Crescentique adimunt fetus, uruntque ferentem.

Georg. L. 2.

et vous voudriez qu'ils perdissent de telles jouissances sans regret, qu'ils passassent dans des mains étrangères sans répugnance! Nous avons donc oublié que nous aussi nous avons été enfants, que nous le sommes encore tous les jours, lorsque la voix impérieuse du devoir arrache à notre cœur quelque sacrifice. Quoi! je vous vois, pour quelques jours seulement, quitter un frère, un ami, une épouse, vous ne pouvez retenir vos larmes, et vous demandez pourquoi cet enfant laisse couler les siennes? Songez donc à tout ce qu'il va perdre. Qui lui rendra ces caresses si douces, ces soins si tendres auxquels il est accoutumé dès son berceau? Avoit-il jamais pensé qu'il dût un jour se séparer de sa mère? Ah! si une pareille idée eut été capable d'entrer dans son esprit, il n'eut pu survivre à sa douleur; et cependant voici la voix de l'instruction qui l'appelle. Ses droits sur votre enfant sont aussi sacrés que les vôtres; elle lui doit un lait bien autrement précieux que celui qu'il a sucé en naissant. Attendrez-vous que devenu adulte, il rougisse du sein de cette seconde mère. Hâtez-vous donc de le livrer entre ses mains. Mais quel langage va-t-elle lui faire entendre? va-t-elle parler à son cœur? va-t-il retrouver en elle la tendresse, la douceur, la patience, les soins, en un mot, de celle qui lui a donné le jour? Hélas! non, elle va lui parler un langage barbare, remplir sa tête de mille mots dont il n'a pas la moindre idée; elle va coler ses yeux sur des livres qu'il ne comprend pas, qui l'ennuient, et qui le dégoûteront peut-être pour la vie de tous ceux qu'il verra : et c'est l'instruction, direz-vous, qui sait si mal instruire les enfants? Mon dieu, oui, c'est l'instruction d'aujourd'hui, c'est cette instruction plus empressée à faire briller l'esprit d'un enfant qu'à lui former le juge-

ment , c'est cette instruction qui crie de toutes parts :
Venez à moi, je vous apprendrai le grec, le latin,
l'anglois, l'espagnol ; venez à moi, je ferai de vous
des Géomètres , des Physiciens, des Peintres , des
Danseurs , des Musiciens. Mais où est l'instruction
qui nous dit : Venez à moi, je ferai de vous des enfants
soumis , respectueux ; venez à moi, je vous donnerai
la connoissance de vos devoirs, je vous inspirerai
l'amour de la Religion et de la Patrie ; venez à moi ,
je ferai de vous plus que des Docteurs, je ferai de
vous des Hommes, des Citoyens.

Voilà l'instruction que l'on demandoit si ardem-
ment , voilà les écoles que l'on cherchoit et qu'on
cherchoit envain. Mais en cela même nos désirs sont
en partie satisfaits. Ces institutions tant de fois appe-
lées par nos vœux, un Gouvernement paternel les a
ouvertes à nos enfants. C'est là que la véritable instruction va s'occuper non plus seulement d'en faire
des érudits et des savants, mais encore des hommes
utiles et des citoyens vertueux ; c'est dans ces écoles
vraiment dignes du génie qui les a conçues , que la
Religion choisira ses ministres, la Justice ses magistrats,
l'État ses défenseurs , les Muses et les Arts leurs favo-
ris. Quel dommage que de si précieux établissements
ne soient pas assez près de tous ceux qui pourroient
en profiter. Il faut à ceux qui en sont éloignés, ou de
la fortune pour y atteindre, ou des succès pour y
parvenir, encore des succès ne suffisent - ils pas toujours : mais pour étendre à tous le bienfait de l'instruction , une sage prévoyance a suppléé à la rareté
des lycées, en instituant un grand nombre d'écoles
secondaires , et en laissant aux maisons d'éducation
particulières la liberté de rivaliser avec elles. Cette

concurrence donnera dans la suite les plus heureux résultats, surtout si on ne donne à leur prépondérance que la bonne instruction pour base; mais que de motifs qui lui sont étrangers font aujourd'hui pencher la balance tantôt d'un côté, tantôt d'un autre. Rien de plus nuisible que cette sorte d'oscillation: elle empêche la confiance de se se fixer, et, tant qu'elle restera indécise et flottante au milieu des opinions indifférentes à son objet, loin de s'attacher aux nouvelles écoles, on reportera involontairement ses regards sur les anciennes institutions, on reverra toujours ces Universités, ces Collèges nombreux disséminés sur toute la France, et qui, comme un fleuve divisé en plusieurs branches, en fertilisoient toutes les parties. *

Ce reste d'attachement pour ces anciennes écoles vient, en partie, d'y avoir passé notre jeunesse; il n'est point que nous n'ayons emporté quelque reconnoissance des soins que l'on prit de notre enfance.

---

* Une des causes qui empêche le succès des nouvelles écoles pourroit bien être aussi la facilité que chacun a d'en élever une. Le moyen, en effet, que parmi tant de ces nouveaux établissements, il ne s'en trouve point d'opposés au but qu'on se propose. Qui nous répondra que tous aient été formés dans les mêmes vues et dans les mêmes intentions. Peut-être quelques-uns ont-ils apporté dans ces entreprises plus de bonne volonté que de moyens, tandis que d'autres en ont fait plutôt la matière d'une spéculation mercantile que l'objet de l'utilité publique. Ce discernement sera un jour facile à faire, mais aujourd'hui ces établissements sont encore trop près de leur naissance.

C'est là que se développèrent nos premières idées ;
c'est là que nous connûmes l'amitié, cette véritable
amitié qu'on ne retrouve plus ailleurs. De semblables
jouissances ne sont pas de celles qui s'effacent avec le
temps ; on aime à se les rappeler, ces sensations si
vives pour en jouir encore, et comme on ne peut
séparer ces douces impressions des lieux qui les ont
fait naître, il semble qu'en voir relever les ruines seroit
en quelque sorte en voir consacrer le souvenir.

Cependant, n'en jugeons point par sentiment. Depuis long-temps la raison réclamoit contre la forme de
ces établissements surannés ; depuis long-temps on se
récrioit contre la foule d'abus qui s'y étoient introduits, et il faut en convenir, ils en renfermoient beaucoup. Le plus grand, sans doute, étoit celui de n'avoir
aucune direction, aucun but vers lequel aurоient dû
tendre toutes les affections et toutes les connoissances
de la jeunesse : et ce vice, nous le disons à regret, nous
paroit être encore celui de beaucoup d'institutions.
Nous y voyons bien les lettres, les sciences et les arts
cultivés avec succès, mais nous ne voyons pas que l'on
s'occupe d'une faculté beaucoup plus essentielle,
celle du cœur. L'esprit demande à être cultivé, point
de doute : mais le cœur mérite-t-il moins notre attention ? ne lui devons-nous pas au contraire des soins
particuliers ? N'est-ce point de cette source que jail-
lissent les plus belles vertus ? N'est-ce point par son
cœur que l'homme est heureux et qu'il rend heureux
les autres ? On a dit que les grandes pensées viennent
du cœur, on pourroit dire, avec plus de vérité, que les
bonnes en viennent aussi. Sans droiture de cœur peut-
on être bon père, bon ami, bon citoyen, et si le but

de toute éducation n'est pas de faire tout cela, n'au-
roit-on pas raison de conclure qu'il n'existe point
d'éducation.

Ne soyons donc plus surpris de l'irrésolution des
parents ; ils voient l'instruction partout, l'éducation
nulle part. Ce n'est plus le temps où un peu de grec
et de latin conduisoit à tout, mais le temps est venu
où avec de la vertu seule on peut encore prétendre à
quelque chose. C'est donc sur la vertu que doit porter
la base de l'éducation publique ou particulière. Tous
les hommes n'ont pas besoin d'être savants, mais tous
ont besoin d'être hommes de bien, tous ont besoin
d'apprendre à se conduire dans la vie et à s'accoutu-
mer de bonne heure à connoître leurs devoirs et à les
rempl.r. Instituteurs, commencez donc par-là votre
carrière. Mais, prenez-y garde : si vous aviez le malheur
de ne pas faire aimer la chose du monde la plus aimable, tout seroit perdu : et cela arrivera infailible-
ment, si vous vous obstinez à suivre la vieille routine,
si, comme beaucoup de vos prédécesseurs, vous met-
tez le châtiment à la place de la raison, si vous ne
savez pas donner à l'enseignement ces formes douces
et insinuantes qui le font aimer ; si vous ignorez le
langage du sentiment bien plus persuasif que celui de
l'autorité ; si vous cherchez à vous faire craindre plutôt qu'à vous faire aimer ; tremblants, soumis sous
votre férule, vous croirez en avoir fait des hommes,
vous n'en aurez fait que des esclaves.

Savez-vous, au contraire, gagner le cœur de votre
élève, vous êtes sûr de vous rendre maître de son
esprit. Tout ce qui sortira de votre bouche sera pour
lui des oracles ; il n'aura point un mouvement, point
une sensation que vous n'imprimiez, que vous ne

dirigiez à votre gré. Voulez-vous l'attendrir, remplir ses yeux des plus douces larmes ? parlez-lui de sa mère, de cette bonne mère dont l'absence coûte tant à son cœur ; parlez-lui de son père, de ce père sensible dont tous les vœux, toute la fortune, sont pour le bonheur de son fils. Ce n'est pas qu'il ne pense continuellement à eux : mais c'est toujours un nouveau plaisir de s'entretenir de ce que l'on aime. Peignez-lui le ravissement, la joie de ses bons parents, lorsqu'ils le reverront digne de leurs soins, de leur amour, de tous les sacrifices qu'ils font pour lui ; excitez ses progrès par l'envie de leur plaire, de les rendre heureux : ce stimulant dans un bon fils vaut mieux encore que celui de l'amour-propre.

Voulez-vous aggrandir son ame, élever ses idées ? parlez-lui de Dieu, de cet Être infini qui échappe à l'esprit, mais qui se communique au cœur ; parlez-lui de sa grandeur, de sa puissance, surtout de sa bonté, oui, de sa bonté : c'est sur cette image qu'il s'en formera une idée plus juste. Qu'il se le figure comme un père, mais comme le meilleur des pères, comme le plus jaloux de l'amour de ses enfants ; excitez sa reconnoissance par l'énumération de ses bienfaits. Que s'il demande comment il pourra jamais s'acquitter envers un Dieu si bon ? répondez-lui : en suivant la justice, mon enfant, en n'abusant point de ses bontés, en aimant la Vérité partout où elle se trouve ; en ne croyant pas que la Religion te permette de haïr, ou de faire mal à ceux qui sont dans l'erreur. Forme-toi, mon fils, forme-toi une plus grande idée de la Religion et de ce qu'elle exige de toi. Écoute cette fille du Ciel, elle rectifiera tes idées, elle réglera tes penchants, épurera tes mœurs, assurera ton bonheur. Reste à jamais fidéle à la foi de tes pères, que gagnerois-tu à changer de croyance ? Si ton cœur avoit un jour un reproche à se faire , ce seroit d'avoir abandonné un si bon guide, le seul qui nous reste dans l'affliction, le seul qui nous console et qui nous rassure contre la durée de l'injustice des hommes. O Religion , Religion ! de tes enfants les plus ingrats ne sont pas ceux qui te négligent ou qui t'oublient, ce sont ceux qui te défigurent et te calomnient, ce sont ceux qui , pour mieux t'étouffer , cherchent à te serrer plus fortement dans leurs bras. On revient de l'égarement de l'esprit, de l'ivresse des passions, mais l'hypocrisie du cœur est incurable ; c'est de cette lèpre honteuse qu'il importe surtout de garantir l'âge tendre. Quels dehors de vertu pourroient racheter dans un enfant cette franchise, cette sincérité , cette candeur, cette naïveté qui semble nous dire : Tout mon cœur est à découvert, extirpez-en tous les vices, faites-y croître toutes les vertus ; rendez-le enfin digne de vous, puisqu'il ne se trouve heureux que par vous. Qui ne seroit tenté d'embrasser un si aimable enfant ? qui ne voudroit l'avoir pour son fils ? Cependant il ne sait rien encore. Je me trompe, il sait tout, il craint Dieu et il aime ses parents.

Quelle simplicité ! diront quelques-uns, quel effet peut produire sur un jeune homme une pareille éducation ? qu'à le rendre la victime des méchants, le jouet des beaux esprits , la dupe des hypocrites et des frippons. Cela seroit vrai, si nous l'abandonnions à son bon cœur, à son excessive sensibilité : mais en l'excitant , en la nourrissant, cette sensibilité, pour le porter au bien , pour former son cœur, nous savions qu'elle nous serviroit encore pour conduire et éclairer son esprit, nous savions qu'elle nous seroit utile pour obtenir la confiance de notre élève, avec laquelle on peut tout, sans laquelle on ne peut rien. Nous pouvons donc maintenant lui ouvrir la carrière de l'instruction : sûr de notre amitié, il y entrera avec nous moins par devoir que par inclination.

Ici se présente un champ vaste, incommensurable, et dont l'extrémité échappe à l'œil le plus perçant. Mille chemins conduisent au même but, mille autres nous en détournent; lequel faut-il prendre? lequel faut-il éviter? Nous sommes exactement dans la position de ce voyageur qui demande son chemin. Prenez à droite, dit l'un, ce sentier est plus court; non, dit un autre, tournez à gauche, la route est moins difficile; suivez devant vous, reprend un troisième, la voie la plus battue est toujours la plus sûre. De ces avis, la prudence semble indiquer le dernier. Oui, dira-t-on, mais ce chemin est d'une longeur rebutante. — D'accord : mais il est le plus certain. — Il n'en est pas de plus triste, de plus ennuyeux. — Est-il impossible d'y semer quelques fleurs? — Il n'en est point que les enfants redoutent davantage : — Parce que le plus souvent le conducteur n'y marche que le fouet à la main. Soyons justes : les meilleures maisons d'éducation sont encore celles qui se sont le plus rapprochées des anciennes écoles, et qui en ont, en partie, conservé la méthode. Ne soyons point ingrats, ce que nos meilleurs instituteurs d'aujourdh'ui savent, n'est-ce point par cette méthode qu'ils le savent. Combien d'hommes instruits, combien d'hommes célèbres n'en ont point eu d'autres. On s'est recrié beaucoup contre les Colléges : j'ai déjà dit sous quels rapports on avoit eu raison; j'aurai encore occasion de relever quelques-uns de leurs défauts : mais au fond, ces vices, ces abus ne prouvent-ils pas pour eux, si, malgré tant d'entraves mis à l'avancement de la jeunesse, elle n'en sortoit pas sans avoir fait des progrès. Ne nous laissons donc pas séduire pas ces spéculations nouvelles, ces vues neuves et hardies, ces conceptions brillantes, elles étonnent, elles enchantent l'imagination ; mais, dans la pratique, elles échappent et se perdent en fumée. En fait d'enseignement, le meilleur système est peut-être celui de n'en point avoir. Dans tous les cas, l'expérience est toujours le meilleur guide : c'est donc elle et elle seule que nous avons consultée sur la bonté des matériaux que nous avons employés pour construire l'édifice dont nous venons de faire connoître la base.

Parmi ces matériaux épars que nous offroient les institutions détruites, le premier que nous avons cherché et sans lequel nous ne pouvions rien, étoit précisément celui qui nous manquoit, nous voulons parler d'une bonne méthode de lecture. C'est par la plus fausse des idées, selon nous, que ce travail a été relégué dans les petites écoles, comme indigne d'entrer dans un plan d'instruction plus relevée. Aussi trouvons-nous peu de personnes, même parmi celles qui ont fait leurs études, qui sachent parfaitement lire. Cependant, que de peines n'avons-nous pas eues pour mal apprendre ces premiers éléments du savoir! De combien d'épines est hérissé le premier livre de l'enfance! De tous ceux qui depuis nous sont passés par les mains, en est-il qui ait été plus trempé de nos larmes? Nous l'avons oublié, ce temps de douleur, qui auroit dû en être un de plaisir, si l'on avoit moins négligé l'art de la lecture, art que Quintilien regardoit comme la pierre fondamentale de toute instruction, que Locke recommandoit sur toutes choses, et dont l'auteur d'Émile ne dédaigna pas de s'occuper.; cet art que beaucoup de gens regardent peut-être comme au-dessous d'eux, nous le regardons, nous, comme au-dessus de leurs efforts. C'est dans la recherche de cette méthode qu'ont échoué nos plus grands maîtres. Quel usage fait-on aujourd'hui de toutes celles qu'ont inventées ces hommes éclairés, et qui, seuls, étoient pourtant bien faits pour trouver la véritable ? Tout ceci nous prouve que malgré les recherches que l'on a faites pour rendre plus aisée la manière d'enseigner à lire, la difficulté reste toujours la même. Nous voyons partout, dit un Grammairien de nos jours, la routine proscrite, et nulle part une bonne méthode qui la remplace.

Examinons-la donc, cette routine si décriée, et pourtant si suivie, et voyons si, de tous les moyens imaginés pour la remplacer, il n'en est aucun qui puisse raisonnablement et facilement être admis.

On ne peut se dissimuler que ce qui rend la méthode actuelle si insipide, c'est d'abord cette longue série de signes alphabétiques par laquelle on commence. Ces caractères isolés ne disent rien aux yeux, par conséquent ne laissent pas l'ombre d'idées dans le cerveau d'un enfant. Aussi, n'est-ce qu'avec les derniers efforts qu'il parvient à les graver dans sa mémoire. Ce travail fini, un autre aussi ingrat se présente, c'est celui d'assembler, de grouper ces diverses figures dont la valeur trop souvent incertaine introduit dans l'épellation ou syllabisation des sons équivoques, absurdes ou superflus. Compter les larmes que coûtent à l'enfance

ces deux préliminaires, c'est vouloir nombrer les
pleurs que l'aurore répand chaque matin sur la verdure. Ne pourrions-nous pas, sans trop changer de
principes, changer seulement l'ordre que l'usage a
introduit plutôt que la raison. Par exemple : familia-
riser les enfants avec les mots avant de leur en faire
connoître les sons élémentaires, et en cela ne sui-
vrions-nous pas une méthode plus naturelle, et tout
à-la-fois plus courte et plus facile. La nature, dit un
Ancien, aime à procéder des sujets complexes et im-
parfaits, aux sujets simples et parfaits. En effet, est-ce
par des lettres, des demi-mots qu'une mère apprend
à parler à son enfant? Quelle différence, dira-t-on,
les mots sont les éléments du langage et non ceux de la
lecture : Pourquoi pas ? N'est-ce pas dans la langue
écrite, comme dans la langue parlée, la réunion des
mots qui forment les phrases? Le langage même n'est-
il pas obligé d'analyser, de diviser davantage ses pensées par le moyen de ses diverses articulations, tandis
que d'un coup-d'œil nous embrassons dans la lecture
la plus longue période. Mais, dira-t-on encore, c'est
nous présenter pour éléments de la lecture la lecture
elle-même. Soit : c'est vous présenter d'abord la lecture et vous faire revenir sur les éléments. C'est ainsi
qu'en grammaire générale nous commençons par
former une proposition avant d'en considérer les
parties essentielles et intégrantes ; c'est ainsi qu'en
mathématiques, on nous trace un triangle avant de
nous en démontrer les parties constitutives et les pro-
priétés ; c'est ainsi que dans l'usage ordinaire, si nous
voulons faire connoître un objet, une Montre, par
exemple, à un enfant, nous ne commençons point
par lui montrer séparément les rouages, l'aiguille,
le régulateur etc., parce que tout cela n'est pas une

montre, et qu'une montre est la réunion de toutes
ces choses. Commençons donc par faire voir la montre
à notre élève, ensuite dessinons-la lui, si nous voulons, de manière qu'il puisse saisir l'identité de l'objet
et de la figure ; enfin, substituons à cette image des
caractères qui en tiennent lieu, et disons-lui que ces
traits ne sont qu'une manière abrégée de peindre les
objets, alors il nous comprendra. Ainsi voir la montre,
le dessin, ou l'écriture qui la remplace, sera pour lui
la même chose. Augmentons peu-à-peu cette provi-
sion de mots, nous l'amenerons insensiblement à
lire des phrases entières et enfin des discours suivis. *

Maintenant, voulons-nous-lui faire connoître les
éléments compositeurs des mots. Nous avons un
moyen d'analyse bien simple, c'est l'écriture. La
plume, surtout en commençant, ne va pas aussi vîte
que les yeux ; chaque caractère qu'elle dessine avec
lenteur est pour l'œil obligé de la suivre un moyen
infaillible d'en mieux examiner la forme, et l'esprit
en profite pour mieux en étudier la valeur. L'art de
peindre la pensée, pour celui qui en connoit déjà les
signes, a infiniment plus d'attraits que pour celui qui
les ignore. Celui-là sait du moins ce qu'il fait, celui-ci
au contraire met du noir sur du blanc, rien de plus.
Quel supplice pour un enfant de condamner sa tête
à recevoir une foule d'abstractions qu'il ne peut con-
cevoir, et de forcer en même temps sa main à les
tracer, n'est-ce pas mettre son corps et son esprit à la
gène, et l'on veut que ce soit pour aller plus vîte !

---

* C'est aussi par cette méthode que l'on apprend à
lire, à écrire, et même à parler à des sourds et muets
de naissance.

Savoir donner à chaque caractère le son qui lui est propre, à chaque syllabe le ton prosodique qui lui convient, c'est déjà quelque chose : mais c'est bien peu, sans la lecture de la phrase, c'est-à-dire sans cette sorte de ponctuation vocale, qui aide à détacher et à distinguer chaque membre de la période. Il est peu de personnes qui ne sachent lire un mot après l'autre, mais il en est beaucoup, comme je l'ai dit, qui ignorent les vrais règles de la lecture : ils ne savent ni varier leurs émissions, ni porter à propos le trait qui doit frapper plus fortement notre esprit, notre imagination ou notre cœur. L'œil qui, dans la lecture, doit précéder la voix et l'avertir du ton qu'elle doit prendre, se traîne péniblement avec elle de mots en mots, et finissent par tomber ensemble à la fin de chaque phrase. La monotomie de ces chûtes répétées fait plus que d'endormir le malheureux auditeur, elle l'assomme. Au contraire, rien de plus attachant qu'un lecteur rempli de goût, dont la voix flexible se pliant à tous les tons, sait exprimer tous les sentiments, peindre toutes les images. Non seulement il attache, il fait plus, il touche, il attendrit, il remue, il entraîne ; le cri de la passion se mêle à l'articulation des mots ; on croit, dans sa bouche, entendre les emportements d'Ajax, la colère d'Achille, les cris douloureux de Philoctète, la voix passionnée de Calypso, les sombres accents du désespoir de la reine de Carthage. Tels sont les lecteurs qu'on ne se lasse jamais d'entendre. La nature les crée en vain, ils sont rares, parce qu'on ne prend pas assez soin de les former.

Parvenus à ce dégré d'instruction, les enfants prennent goût à la lecture ; ils aiment à transcrire ce qui les frappe le plus, et cette occupation, quoique méchanique, ne laisse pas d'augmenter la somme de leurs idées. Plus la sphère des connaissances acquises s'aggrandit, plus les objets de comparaison se multiplient, par conséquent, moins leurs jugements s'éloignent de la vérité. Si leurs propositions ne portent pas toujours cette empreinte, ce n'est pas tant la faute de leur conception, que celle des mots qui jettent de la confusion dans leurs idées. Pour éviter ce désordre, appelons à notre secours deux guides qui ne nous tromperont jamais, l'analyse et la classification. L'une, en soumettant à notre examen les éléments dont nos jugements se composent, nous apprendra à mettre de l'ordre dans nos idées ; l'autre nous conduira de la nature des mots aux règles auxquelles ils sont assujétis. C'est pour avoir connu si tard ces deux flambeaux si nécessaires, que l'art de la parole a été si long-temps couvert d'épaisses ténèbres. Est-il étonnant que la science grammaticale ait été la plus longue et la plus difficile de toutes ? Elle ne reposoit sur aucun principe constant ; obligée d'admettre des effets sans cause, bornée à de simples résultats, les observations les plus sages devenoient d'un temps à l'autre le jouet de la mobilité du langage, et faisoit de son étude une étude qu'il falloit recommencer sans cesse. Ce n'est que de nos jours, pour ainsi dire, que la philosophie enchaîna ce nouveau Protée, en observant que toutes ses formes n'étoient que des nuances d'une forme primitive dont toutes les autres dérivoient. Elle reconnut alors que toutes les langues étoient filles d'une même mère, et qu'elles avoient avec elle, sinon la même physionomie, du moins un air de famille à ne s'y pas méprendre. * Et en effet, si l'on fait attention

----

* *Facies non omnibus una ,*
Nec diversa tamen, qualem decet esse sororum
              Ovid.

que la marche des idées , des jugements , et en général de toutes les opérations de l'esprit , est la même
chez tous les hommes , on concevra facilement que
les langues destinées à exprimer ces choses doivent
avoir un caractère de ressemblance dans ce qu'elles
ont de plus essentiel. Ce n'est point là une métaphy-
sique au-dessus de la portée des enfants , c'est même
la seule théorie qui les instruise. On l'a négligée par
l'erreur où l'on était que les enfants étoient incapables
de raisonner , erreur fatale qui fit de l'instruction la
carrière la plus longue et la plus épineuse. Oui , sans
doute , l'enfance étoit incapable de raisonner , parce
que vous ne lui présentiez rien de raisonnable ; elle
étoit incapable de raisonner , parce que vous ne lui
parliez que par énigmes ; elle étoit incapable de raisonner , parce que vous ne vouliez qu'en faire de
serviles imitateurs. Ce malheur venoit encore de ce
que certains maîtres ne devant leur considération
qu'aux ténèbres dont ils avoient soin de couvrir leur
nullité , ou n'osoient écrire sur les sciences qu'ils di-
soient enseigner , ou n'en parloient qu'en termes inin-
telligibles. * Mais l'instituteur qui met sa gloire dans
le succès de ses élèves n'a point de secret pour eux ,
il leur ouvre toute son ame, il met au grand jour ses
idées sur l'art qu'il professe , et provoque ainsi les
lumières des hommes instruits sur les parties que la
foiblesse de son intelligence a laissé dans l'obscurité.

Raisonnant donc avec l'enfance sur les effets inap-
préciables de la parole, il lui fait connoître que c'est
de ce don précieux que la Providence nous a fait, que
l'espèce humaine tire toute sa force et toute sa dignité.
Sans cet instrument utile , sans cette faculté de se com-

____

* *Voy*. M. FROMANT, supp. à la Grammaire gén.

muniquer ses pensées, rien ne distingueroit l'homme
de la brute avec qui il partage les mêmes besoins et
les mêmes sensations. La raison même ne seroit pour
lui qu'un principe isolé dont il tireroit peu d'avantage.
La parole est, pour ainsi dire, le sceptre de son empire sur tous les autres animaux : c'est par elle qu'il
leur commande, qu'il les soumet, qu'ils tremblent
et qu'ils fléchissent à sa voix, comme si c'étoit celle
d'un Dieu ; c'est par elle qu'il exprime les émotions
les plus délicates de son ame et de son esprit ; c'est
par elle qu'il pose les fondements inébranlables de
la société ; c'est dans la communication de ses idées
qu'il trouve la source de son bonheur et qu'il augmente
la somme de ses connoissances.

En vain l'homme porte-t-il quelquefois dans ses
traits l'expression de sa pensée, en vain lisons - nous
dans ses yeux ce qui se passe dans son cœur, cette
glace est trop mobile et souvent trop infidèle pour
que l'on puisse s'y arrêter. La parole seule brise la
barrière qui sépare les ames, les montre à découvert,
et fait qu'elles se voient, s'entendent et se répondent.
Avec quelle touchante inquiétude nous voyons cette
tendre mère l'épier sur les lèvres de son fils ; avec
quelle joie ravissante elle est recueillie par ce père
sensible qui s'entend appeler pour la première fois:
elle s'insinue comme un filtre dans le cœur de ce jeune
homme auprès de ce qu'il aime ; elle part comme la
foudre de cette bouche éloquente qui remue, agite,
entraîne les esprits de la multitude étonnée; elle va
chercher l'idée endormie au fond du cerveau, la ré-
veille, la fait sortir, parvient à faire des connoissances
de chacun les connoissances de tous, et porte ainsi la
civilisation des peuples à son plus haut degré de per-
fectionnement. Tels sont les avantages de la parole.

Nous en jouissons sans en être frappés comme de tous les dons de la nature auxquels nous sommes accoutumés. Mais le langage doit étonner, ravir d'admiration l'observateur attentif qui veut approfondir un semblable phénomène. Comment expliquer le rapport du son vocal avec l'idée qui l'exprime ? Comment ce qui est simple de sa nature prend-il tout-à-coup une forme assez sensible pour frapper nos organes ? Comment une pareille impression produit-elle sur notre ame un effet semblable à l'objet même s'il étoit présent devant nous ? Quelle cause, quelle origine assigner à tant de merveilles ! Mais ce qui surprendra peut-être davantage : comment l'homme, après avoir donné du corps à sa pensée, est-il parvenu à la peindre ? Quelle analogie y a-t-il entre le son, substance invisible, mobile, aërienne, et les caractères qui lui donnent la permanence et la consistance du marbre ? O magie incompréhensible de la parole ! Prodige de l'écriture aussi inconcevable ! quels flots de plaisir, de lumière, de bienfaits, vous répandez sur la vie de l'homme ! Ce n'étoit point assez pour moi de pouvoir, dans les charmes d'une douce conversation, goûter le plaisir d'entendre un père, une mère, une épouse, un ami : éloigné d'eux, je puis encore leur communiquer ma pensée ; je puis la faire transporter aux extrémités du monde ; je puis encore recevoir leurs avis, leurs conseils, la certitude que je vis encore dans leur cœur. Ni les leçons de l'expérience, ni les richesses de l'imagination, ni les productions du génie, rien n'est perdu pour nous ; tout surnage dans l'immensité des siècles pour venir jusqu'à nous, et passer ensuite à nos derniers neveux.

C'est par de telles confidences faites à nos élèves,

que nous élevons leur cœur vers l'Être plein de bonté
de qui nous tenons de si nombreux bienfaits, que
nous augmentons leur reconnoissance et leur amour,
et que nous les amenons insensiblement à chérir un
art dont les humains retirent de si grands avantages.
Sans même nous perdre dans d'inutiles conjectures
sur l'origine du langage, origine-que tout nous porte
à référer à une instruction ou inspiration immédiate
du Créateur, du moins est-il possible de démontrer,
par l'analogie des autres idiômes, que tous sont issus
d'une source commune. Il suffit pour cela de faire
marcher l'étude de deux langues à-la-fois: il est même
indifférent de choisir parmi les langues mortes ou les
langues vivantes. Si, dans son plan, le Législateur a
fait entrer la langue latine de préférence, c'est parce
qu'à plusieurs autres avantages, elle réunit celui de
nous faire connoître parfaitement notre langue, et de
nous donner en outre une plus haute idée des mœurs
des anciens Romains que nous avons intérêt de connoître. Il est vrai que leur langue, pour être mieux com-
prise, demande une étude des usages et surtout de la
religion de ce peuple célèbre: mais c'est une occupation qui répandra un charme de plus sur notre sujet.

La mythologie est de toutes les impostures hu-
maines la plus séduisante et la plus aimable; c'est un
champ d'heureuses fictions où tout enchante l'esprit,
où tout rit à l'imagination, où tout s'anime et prend
les formes les plus gracieuses. L'aurore vient-elle
chasser les ombres de la nuit; c'est une chaste épouse
quittant le lit nuptial, et qui, de ses doigts de rose,
vient ouvrir les portes du Soleil; bientôt il paroit lui-
même couronné de rayons lumineux, traverse l'espace
traîné par des coursiers pleins de feu, et court se pré-

cipiter dans les bras de Thétis qui, voluptueusement couchée sur les flots, le reçoit avec tous les transports de l'amour. * Ici, ce sont des chênes antiques qui rendent des oracles ; là, ce sont d'agréables zéphirs qui se jouent dans les airs, ou qui se balancent dans le feuillage : plus loin, c'est la rose teinte du sang d'Adonis ; ailleurs, c'est une jeune et jolie Nayade penchée négligemment sur son urne, d'où jaillit une eau pure et diaphane : tantôt, c'est un mortel qu'Appollon remplit de son feu divin, et qui, par la fierté ou la douceur de ses accords, entraîne après lui les arbres, les fleuves et les montagnes ; ou bien, inspiré par les Muses, il charme, il touche, il attendrit par ses chants mélodieux les cœurs les plus insensibles et les plus rebelles. Tantôt, c'est la mère des Grâces, c'est Vénus sortant du sein des flots et qui vient enflammer les hommes et les Dieux. Les fleurs qui renaissent au Printemps ne sont dus qu'aux soins de Flore ; c'est à Cerès que nous sommes redevables des riches et abondantes moissons de l'Été ; la saison des fruits est un bienfait de Pomone ; et ce vieillard sombre et chagrin qui s'avance à pas lents, c'est le rigoureux Hyver qui, de ses vêtemens humides, secoue les frimats, les neiges et les glaçons.

Comme toutes ces images sont charmantes ! Comme la nature se trouve embellie de toutes ces parures mensongères ! Quelles impressions produisent ces ingénieuses chimères sur de jeunes cœurs avides de merveilleux ; transportés, comme par enchantement, dans le pays des Fées, tout les ravit, les charme, les

---

* *Voy.* le Dictionnaire de la Fable de M.r Noël, Inspecteur général des études, au mot *Soleil.*

transporte ;

(25)

transporte ; tout respire la volupté, le plaisir, le
bonheur, et la terre semble un vaste Élysée, où les
mortels sont continuellement mêlés avec les Dieux.
Laissons leur imagination se nourrir de ces brillantes
illusions sans lesquelles tous les ornements de la poë-
sie et de la peinture seroient des énigmes pour eux :
encore quelque temps, et nous leur ferons connoître
les leçons utiles cachées sous ces allégories riantes,
nous les ferons remonter à l'origine de toutes ces
fables ; ils découvriront, non sans étonnement, que ce
qui fut d'abord inventé par les hommes pour régler
leurs travaux, pour marquer le cours des astres, la
vicissitude des saisons devint dans la suite, par la stupi-
dité des peuples et l'intérêt des prêtres payens, l'objet
d'un culte superstitieux et féroce.

Quel dut être autrefois l'ascendant de la mythologie
sur les peuples, quelle impression puissante elle dut
produire sur leur esprit, puisque malgré les siècles
écoulés, les révolutions qu'elle a subies, et plus que
tout cela, les absurdités et les rêveries dont elle abonde,
elle est demeurée jusqu'aujourd'hui la divinité de
notre imagination : non seulement on lui rend un
culte au Parnasse et au Théâtre, mais elle se trouve
encore mêlée aux choses les plus saintes. C'est elle
qui préside encore de nos jours à la distribution des
mois et des saisons ; et chose étrange ! son influence
est consacrée par ceux-mêmes qui sembleroient avoir
plus d'intérêt à la détruire. Enfin, c'est des Dieux du
paganisme que l'astronomie continue à peupler le
Ciel : aussi est-ce une grande peine de moins pour
celui qui aborde la géographie, d'être déjà familia-
risé avec les noms des constellations, par l'étude qu'il
a faite précédemment des mythologues. Un autre

avantage , c'est que, remarquant les Modernes, donner à certaines planètes les noms d'hommes célèbres ,
il est aisé d'en inférer que les Anciens en firent de
même autrefois , et que ce fut par une aveugle supers-
tition qu'ils les convertirent dans la suite en puissances
célestes , terrestres , infernales , en un mot, qu'ils
mirent des dignités énigmatiques à la place des sym-
boles convenus et innocents.

Tout dépend donc de l'ordre avec lequel on procède
dans l'étude des sciences. Telle partie offriroit des
difficultés insurmontables , qui, remise à un autre
temps , deviendroit facile à l'intelligence la plus commune. C'est ainsi qu'en Géographie un maître se
tourmente long-temps , et souvent bien inutilement ,
pour faire comprendre à ses élèves les divers systêmes
de l'Univers , ils ne conçoivent rien à ces cosmogo-
nies ; pourquoi ? parce qu'ils ne sont point préparés
à cette étude par aucun principe physique ou mathé-
matique. Il en est de même de l'Histoire : qu'est-ce
que des enfants peuvent y comprendre ? On la met à
leur portée , dira-t-on : mais qu'est-ce qu'une histoire
mise à la portée des enfants? On fait aussi des ency-
clopédies à leur portée. On veut mettre de tout un
peu dans la tête des Jeunes Gens , et il est incroyable
combien cet amalgame fermente dans leur cerveau ,
y élève des vapeurs funestes qui obscurcissent leur
jugement, encombre leur mémoire et les rend incapables de pénétration.

Que si l'on entend par Histoire ces sommaires de
noms, de dates, d'époques, etc. , si insipides à lire,
si pénibles à retenir , si faciles à oublier ; ou , ce qui
est un peu moins triste, cette compilation de faits ,

d'événemens, de vies d'hommes illustres, nous conviendrons que cette étude peut être de quelque utilité. Il seroit même à désirer que les livres de cette nature fussent plus communs et surtout écrits avec cette grâce, cette simplicité , cette concision, qui caractérisent Plutarque, Cornelius - Nepos et même Suétone. Il faudroit en outre qu'ils fussent plus rapprochés de nos mœurs. Car, suffit-il de savoir que Lycurgue et Solon chez les Grecs, Romulus et Numa chez les Latins, furent de grands législateurs ; que Miltiade Epaminondas , César , Annibal , furent d'illustres Capitaines ; Titus, Antonin, Marc-Aurèle, d'excellens Princes ; Tibère , Neron , Caligula , des Monstres affreux ? L'éloignement dans lequel nous nous trouvons de ces modèles à suivre ou à éviter, ne peut - il pas donner lieu à des comparaisons vicieuses , et n'est-il pas capable d'induire dans beaucoup d'erreurs ? Seroit - il donc moins intéressant de connoître un Bayart, un Duguesclin, un Turenne , un Villars , un Catinat, un J. Bart, un Dugai - Trouin. Quoi ! un François connoîtra les premiers Conquérans des Gaules, et il n'aura nulle idée des Héros de sa Nation qui les en ont chassés ! Il n'ignorera pas les batailles des Thermopyles et de Salamine, celles de Marathon et d'Arbèle , celles de Pharsale et d'Actium , et il ne lui sera pas honteux d'ignorer les victoires mémorables qui purgèrent son territoire de la présence des Romains , et toutes celles qui depuis l'ont couvert de gloire : il ne connoîtra ni la bataille de Soissons, ni celle de Vouillé, ni celle de Tolbiac, ni celle de Bovines, d'Ivry, de Rocroi, de Denain, de Fontenoi, etc. , etc. Il aura moins de connoissance encore d'un Chancelier de l'Hôpital, d'un Sully, d'un Richelieu, d'un Mazarin, d'un Colbert, d'un Louvois, d'un

Davaux, d'un Polignac, etc. Voilà cependant des hommes qui en valent bien d'autres, voilà des modèles qui produiroient un effet puissant sur l'esprit de la jeunesse françoise, qui exciteroient ce désir d'émulation qui souvent détermine nos meilleures actions.

Quoiqu'il en soit du fruit que l'on peut retirer de ces sortes de biographies, gardons-nous bien de les confondre avec l'Histoire ; celle-ci ne peut même atteindre, dans les mains de l'enfance, le but moral qu'elle se propose. Car, quoiqu'elle embrasse aussi les actions individuelles, elle ne les présente d'ordinaire que d'une manière subordonnée, que comme des rouages d'une machine très-compliquée, ce qui rend bien plus difficile à saisir les raisons de leur mouvement. Il faudroit pour mieux juger des hommes que les Jeunes Gens eussent une plus grande connoissance du cœur humain, qu'ils connussent davantage l'effet des passions, qu'ils sussent se reporter au temps, aux circonstances, en un mot, se mettre à la place des personnages, et là, bien examiner les motifs qui les ont déterminés à agir d'une manière plutôt que d'une autre. Sans cette pénétration indispensable, pénétration que donne seule l'expérience, quelle foule de faux jugemens ne porteront-ils pas ? verront-ils mieux dans les affaires des Gouvernemens ? Sont-ils initiés dans les vues fines et multipliées qui les dirigent ? Ont-ils étudié tous les ressorts que la politique met en jeu ? Ont-ils médité tous les faits relatifs à l'organisation des sociétés, les principes sur lesquels elles reposent, pour en induire des résultats généraux ou particuliers ? Enfin, seront-ils meilleurs juges pour ce qui concerne les loix, les mœurs, les usages, les religions, l'agriculture, le commerce, les sciences, en un mot, pour toutes les parties de l'économie publique ? Car , ce sont autant d'objets que l'Histoire embrasse dans son vaste plan.

Donnez l'Histoire d'un peuple à lire à un enfant; s'il ne voit des armées formidables, des flottes nombreuses; s'il n'entend parler de batailles , de victoires, de conquêtes , de peuples vaincus et soumis ; s'il ne voit au pied du trône mille esclaves prosternés, vils instruments d'un maître capricieux et superbe, il croira cet empire sans consistance et penchant vers sa ruine ; il se trompera néanmoins : parce qu'il aura cherché sa grandeur et sa prospérité où elles n'étoient pas; parce qu'il n'aura point apperçu sa force dans l'union de ses membres , ses richesses dans leurs mœurs , sa grandeur dans ses loix , sa gloire dans la sagesse , la modération dans la vertu enfin du Prince qui le gouverne.

Qu'il lise l'Histoire de la Religion : plus il verra de simplicité dans son culte, d'humilité dans ses ministres, de tolérance et de résignation dans ses prosélytes , plus il croira les autels près de leur chûte ; il sera pourtant dans l'erreur , jamais ils n'auront eu de plus solides fondements. Ce n'est point l'éclat de la vertu, c'est le faste des richesses et l'abus du pouvoir qui blessent les yeux des hommes , et qui offensent ceux de la Divinité.

Qu'il parcoure les fastes littéraires : étonné de cette foule de productions que la presse infatigable répand journellement, à l'aspect de ces innombrables volumes qui traitent de l'instruction , de la manière d'étudier les sciences et les arts , de former des orateurs et des poëtes , il jugera l'esprit humain porté à son plus haut période ; il se trompera encore : car, avec plus d'attention, il eut trouvé que jamais époque ne produit moins de chefs-d'œuvre, que celle où l'on traite le plus de l'art d'en faire.

Il jugera donc mal de tout, dit Volney, * parce qu'il n'aura ni dans son esprit, ni dans sa mémoire, ni dans son expérience, aucun objet de comparaison, ni aucune règle de jugement dans des cas analogues et semblables.

Mais si l'Histoire est pour la jeunesse une nourriture encore trop forte, elle en devient une indispensable lorsque son jugement commence à se former, que ses idées se développent et que son esprit est enfin capable de digérer et de mettre à profit les faits qui lui sont racontés. C'est alors, et alors seulement que l'Histoire lui apprend à connoître les hommes. Jusqu'ici, il les a crus bons, sincères, généreux ; l'expérience de tous les siècles va lui retirer cette idée consolante. Peut-être il eut mieux aimé ignorer cette triste vérité : mais si l'Histoire ne la lui eut apprise, eut-il manqué de la connoître un jour par sa propre expérience ? Qu'il prenne donc hardiment le talisman de l'Histoire ; que par une sorte d'enchantement, il parcourt sans changer de place, l'Univers des temps et des lieux ; qu'il ne se rebute point d'abord des scènes d'horreur, de confusion, de sottises, de vices et de crimes qui vont attrister ses regards. Guerres éternelles, Trônes renversés, Monarques écrasés sous leurs débris, Villes livrées à la discrétion du vainqueur ; femmes, vieillards, enfants massacrés ; factions, perfidies, persécutions, cruautés, l'Histoire des hommes n'est que cela. La morale individuelle,

---

* *Voy.* lec. d'Histoire.

l'agriculture, le commerce, les arts et les sciences n'en
sont, pour ainsi dire, que les épisodes. Mais dans le
vaste champ de l'Histoire, ces épisodes sont comme
ces bosquets riants, ces sources abritées et limpides
que le voyageur haletant rencontre çà et là au milieu
de ces déserts immenses en proie à tous les feux du
jour et à toutes les fureurs des vents. Que l'homme
d'État se plaise, au milieu de la tourmente, à examiner
le choc des corps politiques, à étudier les symptômes
de leurs maladies, les indications de leur santé, les
pronostics de leurs agitations, enfin, les remèdes que
l'on y peut apporter: nous, nous ne chercherons,
pour l'instant, qu'à exercer notre raison, qu'à perfectionner notre cœur ; nous nous attacherons surtout
aux pas d'hommes vertueux : il nous faudra remonter
bien haut pour en retrouver quelques traces ; encore,
l'état actuel des sociétés a-t-il, en quelque sorte,
rendu romanesque l'Histoire de la vie patriarchale,
où l'homme ne connoissoit que son Dieu, son toit,
sa famille et son troupeau. À mesure que la civilisation nous éloigne de ces temps primitifs, nous voyons
la vertu gagner en éclat ce qu'elle perd en solidité.
Les mœurs se rafinent au point que le vice peut en
avoir : la décence couvre tout; mais peu-à-peu ce
masque s'use, la corruption qui minoit sourdement
se déclare, déjà ses ravages sont allarmants, elle me-
nace de tout entraîner. Alors s'élèvent des génies
sublimes, des philosophes intrépides, des législateurs
sévères que la nature exprès semble réserver pour ces
crises violentes. Nous les voyons, ces hommes inspirés,
opposer une barrière au débordement général ; envain
les passions bouillonnantes se précipitent en fureur
contre cette digue insurmontable, elles s'y brisent,
retombent et reprennent en murmurant leur cours
naturel.

Remplis d'admiration et de respect pour ces bien-
faiteurs de l'humanité, nous ne pouvons plus les
quitter; nous suivons Zoroastre à Babylone, Lycurgue
à Sparte, Solon à Athènes, Numa dans la forêt Aricie,
Confucius à la Chine; nous allons écouter les leçons
d'un Socrate, d'un Platon, d'un Pythagore; sans avoir
le front ceint de la bandelette d'initié, nous sommes
introduits dans les temples les plus renommés, nous
pénétrons jusques dans le sanctuaire des Dieux;
Memphis nous dévoile ses mystères, la Chaldée ses
emblêmes, Diospolis ses rites et Dodone ses oracles.

Toujours conduits par l'Histoire, nous assistons
tantôt à ces fêtes pompeuses, à ces spectacles brillants
où toute la Grèce accouroit avec le plus grand empressement. Tantôt nous la suivons au milieu de
l'aréopage, nous montons à la tribune avec l'heureux
Périclès ou l'éloquent Démosthènes. D'autrefois, témoins des triomphes des Cincinnatus et des Camille,
nous les suivons au Capitole, et rendons, avec tout le
peuple, grâces aux Dieux de leurs victoires; ou bien,
prenant place au Sénat, nous entendons l'orateur ro-
main foudroyer l'audacieux Catilina; nous admirons
la vertu d'un Caton, le dévouement d'un Régulus,
l'intégrité d'un Fabricius, le désintéressement d'un
Scipion. Bientôt le siècle d'Auguste se découvre à nos
yeux, nous voyons un peuple maître de l'Univers,
quelle puissance! un homme souverain de ce même
peuple, quelle grandeur! et au milieu de cete grandeur, quels génies s'élèvent pour en éterniser l'éclat!
Tibule, Properce, Virgile, Horace, Ovide, quels
hommes! Heureux champs de Mantoue, Campagnes
fortunées, vos échos redisent encore le nom, le doux
nom d'Amaryllis. O quel cœur sensible se lassera de

répéter les noms chéris de Didon et de Lycoris, de
Lycoris et Didon. Et vous , charmants coteaux , riants
vallons dont l'Anio réfléchit et balance la voluptueuse
image ; lieux témoins des regrets de Lesbie , de la
tendresse de Cynthie , vous les avez entendus, ces
doux accents que Properce et Tibule soupiroient pour
elles. Vous l'avez entendue , cette lyre harmonieuse
de l'ami de Mécène, dont les accords tantôt flatteurs
et sublimes , tantôt gracieux et légers, caressoient tour-
à-tour l'Amour et l'Amitié , et les Rois et les Dieux.
Et toi, malheureux Ovide , nous ne t'oublierons pas
dans nos courses , ni les champs sauvages de la Scythie,
ni les rochers sourcilleux de la Sarmatie , n'empê-
cheront pas que nous te portions notre juste tribut
d'admiration. Pour prix de notre pitié , de quelques
fleurs jetés sur ta tombe , tu nous laisseras tes vers ,
ces vers si pleins de charmes, qui auroient bien du
adoucir le cœur d'un tyran , si un tyran s'adoucissoit
jamais.

Est-il possible , après avoir connu par l'Histoire de
si grands modèles , après avoir recueilli de si importantes instructions , est-il possible de ne pas revenir
riche de son étude.

Maintenant reposons-nous un instant , et jetons un
coup-d'œil en arrière. Le point du départ est déjà loin
de nous : quels sont les obstacles que nous avons ren-
contrés ? Aucun. Quels sont les plaisirs que nous avons
trouvés ? Mille. Joignez-y maintenant cette satisfaction
intérieure, ce contentement d'une ame qui commence
à se connoître , d'un cœur qui se plait à sentir , d'un
esprit qui se développe et qui s'élève , dites, en est-il
un plus heureux que vous ? Quoi, le bonheur est

sur notre route, et nous voyons si peu d'empressement à la suivre! les insensés! ils ont pris le chemin de la fortune, ils se poussent, ils se pressent, ils ne savent pas qu'ils en reviendront aussi aveugles qu'elle. Qu'ils comparent leurs trésors avec les nôtres : un jour, un instant peut les leur enlever. * Mais nous, qui nous ravira jamais les semences de vertu qui germent dans nos cœurs, qui nous ôtera cette conviction d'un Dieu qui nous voit, qui nous aime, qui nous protège, qui fait tout notre espoir? Qui nous dérobera la connoissance de nos devoirs, le fruit de nos travaux, les récompenses de nos bonnes actions? La raison n'est point un champ dont on puisse nous contester la récolte : chacun y recueille ce qu'il y sème. Heureux donc celui qui l'a cultivé de bonne heure, et qui ne mesure ses richesses que sur l'étendue de son intelligence! C'est le seul domaine où il soit honteux de ne rien posséder, c'est le seul dont il soit toujours permis de reculer les bornes sans nuire à celui d'autrui. Nous n'avons fait, pour ainsi dire, qu'y prendre pied. C'en est assez pour assurer notre prise de possession. Déjà nous sentons le besoin d'acquérir davantage, déjà nous découvrons le but, dans un horizon immense, il est vrai : mais enfin nous le découvrons, et quoiqu'il soit donné à bien peu de personnes de l'atteindre, toujours est-il glorieux d'en approcher le plus près possible.

Se relevant donc avec plus d'ardeur, notre élève se prépare à de nouveaux efforts : mais quelle est sa surprise, lorsqu'il voit son premier maître, immobile

---

* *Fidite virtuti, fortuna fugacior undis.*

à sa place, lui adresser ce discours inattendu : « Ce n'est plus moi, mon enfant, qui dois vous conduire dans la carrière qui vous reste à parcourir. Ici se borne ma mission, ici finissent mes forces. Comme Moyse, j'ai pu vous montrer la terre promise, mais à de plus habiles appartient la gloire de vous y introduire. C'est beaucoup pour moi de vous avoir guidé jusques ici, d'avoir écarté de votre marche les obstacles qui pouvoient la retarder, de vous avoir inspiré le goût des connoissances, et plus encore celui des vertus. Si le désir des unes devoit un jour vous faire oublier l'amour des autres, je vous dirai : Mon ami, n'allez pas plus loin, restez plutôt ignorant toute votre vie, vous en saurez toujours assez si vous savez être bon. Pourquoi vous inquiéter des sciences, si, au lieu de l'épurer, elles doivent ajouter à la corruption de votre cœur ? si, sans vous rendre meilleur, elles vous rendent plus vain, si elles doivent étouffer les vertus que vos talents étoient destinés à embellir. Vaut-il la peine de se tant tourmenter pour je ne sais quelle sorte de célébrité ? Sommes-nous des outres qu'un peu de vent ou de fumée gonfle et remplit ? Laissons les esprits légers s'étendre, s'enfler, prendre l'essor, étonner l'œil qui les suit et les perd dans leur vol audacieux ; demain nous apprendrons leur chûte, demain le lieu de leur désastre portera le nom de ces nouveaux Icares, sans que leur malheur devienne une leçon pour leurs semblables.

Qu'elle en soit une pour vous, mon jeune ami, que les endroits de leur naufrage soient sur votre route signalés comme des écueils. Attendez-vous à voir tous les genres de séduction vous attaquer à-la-fois, toutes vos passions vont être étudiées, connues, caressées, excitées de mille manières. Défiez-vous, ah ! défiez-vous de ces hommes *doucereusement* perfides, qui vous offriront le poison du vice dans la coupe de la vertu ; leur bouche, en souriant, vous met au nombre de leurs amis, et leur cœur au nombre de leurs victimes. Vous la deviendrez infailliblement, si vous prêtez l'oreille à leurs discours insidieux ; si, comme tous ceux qu'ils ont séduits, vous venez à croire que la vertu pèse sur les ailes du génie : eh quel génie s'est jamais élevé sans elle ! Citez-moi un véritable grand homme qui ne lui doive point toute sa gloire ? Trouvez-moi de plus grands hommes que les Bossuet et les Fénélon ; que les Racine et les Molière ; que les Lamoignon et les Daguesseau ; que les Turenne, les Condé, les Villars, les Catinat ; tous ces enfants de la renommée l'étoient aussi de la vertu. Sans parler même des grands Capitaines des siècles passés, voyez ceux qui, de nos jours, les égalent et les surpassent, voyez surtout celui qui s'est élevé si haut au-dessus de tous les grands hommes connus ; ébloui de l'éclat de sa gloire, ne l'êtes-vous pas encore plus de l'éclat de ses vertus. Dira-t-on qu'elles ont pesé sur son génie, qu'elles se sont opposées à ses sublimes élans ? Si ce n'est point ainsi qu'on s'élève, qu'on me dise en quoi consiste la véritable élévation. De bonne foi, croit-on se rendre illustre en ne faisant que beaucoup de bruit dans le monde ? Suffit-il, comme Erostrate, de se faire un nom par le ridicule et la folie ? Je conviens que beaucoup se sont ainsi rendus célèbres : mais si je vous connois bien, ce n'est point là la route que vous choisirez.

Parmi celles qui s'offrent devant vous, vous voyez la plus noble, et sans contredit la plus brillante, celle

qui mène le plus certainement à la gloire, jamais
Nation ne s'y est autant illustrée que la nôtre, c'est
la carrière des armes, c'est celle qui convient à votre
âge. Voici la route des sciences, elle est moins fré-
quentée, moins ouverte; mais vous la voyez se diviser
en plusieurs branches, dont quelques-unes, telles que
celles de la philosophie, de l'éloquence, de la poésie
etc, viennent aboutir à un seul et même point, où
commence un long sentier qui est celui des Écrivains
en ces genres. Les succès dans cette nouvelle carrière
ne dépendent pas entièrement des progrès que l'on a
faits dans les routes adjacentes, parce que pour y réussir,
les connoissances acquises ne suffisent pas toujours.
Il faut de plus un génie à soi, un tact exquis, un
goût sûr et délicat, long-temps perfectionné par l'art.
Mais comme en matière de goût, chacun juge d'après
celui qu'il a, il arrive que la plupart pensent avoir le
meilleur, ce qui rend la foule des Écrivains très-nom-
breuse, sans néanmoins qu'il soit possible de les
confondre. Les plus insensés se mêlent d'écrire sans
y être préparés par de longues études, ils ne retirent
de beaucoup de peines que beaucoup de ridicule. Les
plus insipides nous endorment des fastidieuses lan-
gueurs de l'amour, ou de misérables contes de reve-
nants et de sorciers; on les prend par désœuvrement,
on les quitte par dégoût; plusieurs s'attaquent et se
déchirent sans aucun ménagement, on les excite, on
les agace, et quand ils se sont mutuellement couverts
de boue, on se rie d'eux et on les chasse sans misé-
ricorde : il en est d'autres qui mettent indignement
leur plume à l'enchère, épousent tous les partis,
versent indifféremment le fiel ou l'encens au gré de
celui qui les paie; cette prostitution est dans l'homme
de lettres l'excès de la dégradation, aussi passent-ils

3.

pour les plus méprisables. Vous en verrez enfin , et ce sont les plus dangereux , dont les écrits allarment la pudeur, corrompent le cœur, attaquent la morale publique , la religion, renversent les fondements de la société. On est convenu aujourd'hui, je ne sais pourquoi , de les appeler philosophes, c'est prostituer un bien beau nom à de bien abominables gens. Vous voyez, mon cher disciple, qu'il est possible de s'égarer dans cette belle route, et que si votre goût vous y entraîne , ce n'est point à de pareils modèles qu'il faut vous attacher. D'un autre côté, si vous voulez suivre les bons , quel espace encore il vous reste à parcourir ! j'accorde que vous en ayez les moyens : en aurez-vous le courage ? Savez-vous quelle force, quelle constance il vous faut pour écarter les rivaux qui vous disputeront le passage , les envieux qui rabaisseront votre mérite, les méchants qui attaqueront votre réputation , les hypocrites qui interprêteront vos intentions. Ah ! combien de fois vous gémirez du mal qui vous reviendra pour le bien que vous aurez voulu faire. Vous aurez la consolation, direz-vous, que l'on vous rendra justice après votre mort. Ne vous y fiez pas : nous avons plus d'un exemple du contraire , et d'ailleurs , recueillir le fruit de ses travaux quand on n'est plus, c'est bien tard : ne vaudroit-il pas mieux le goûter un peu durant sa vie ? N'est-il pas d'autres professions où l'on puisse encore se faire un nom honorable sans cesser d'être heureux? Est-ce par ses écrits que ce riche Commerçant s'est rendu célèbre dans les quatre parties du monde, que ce Cultivateur estimable a fait partout bénir son nom ? Est-ce par ses écrits que ce Juge intègre, cet Avocat laborieux, se sont rendus à jamais mémorables? Est-ce

par ses écrits que ce respectable Magistrat * a attaché
à son nom des souvenirs qui seront toujours chers
dans ces contrées ? A votre particulier, oublierez-
vous jamais qu'il est venu encourager vos premiers
essais, que lui-même venoit applaudir à vos triomphes,
qu'il mettoit au rang de ses devoirs, celui d'encourager la jeunesse studieuse ? Croyez-vous, quand de
tels hommes font tout pour les Lettres, que les Lettres
à leur tour ne font pas tout pour eux ? Elles se chargent
de publier leurs bienfaits, tandis qu'eux se chargent
de les répandre.

Telles sont les fonctions que vous pouvez un jour
devoir à vos talents, ou si la faveur vous les refuse,
vous leur devrez du moins cette sorte de Magistrature
que l'homme instruit exerce sur la masse ignorante
et vulgaire, vous leur devrez vos plus doux plaisirs,
la jouissance de vous-même, tout votre bonheur.
N'est-ce donc rien que ce trésor. Croyez-moi, il se
trouve rarement dans le chemin des honneurs. Vous
ne laisserez peut-être pas un grand nom, il est vrai :
mais vous laisserez un nom chéri, un nom qu'on ne
pourra prononcer sans attendrissement ; vous ne vivrez point aussi long-temps dans la mémoire des
hommes, mais vous vivrez toujours dans celle de votre
épouse, de vos amis, de tous ceux qui vous auront
connu. Vous vivrez par le bien que vous aurez fait,
par les exemples de vertus que vous aurez légués à
vos enfants. Votre cendre insensible sera souvent

---

* M.r Poitevin-Maissemy, Préfet du Département
du Pas-de-Calais, maintenant Préfet du Mont-Blanc.

mouillée de leurs larmes, et de cette poussière humectée s'éleveront des pensers délicieux, des pensers qui adouciront l'amertume de leurs regrets, qui ouvriront à leurs regards un nouvel Univers où l'homme vertueux doit retrouver les objets de son affection et les retrouver pour les posséder à jamais. Pressentiment consolateur ! quel baume il répandra sur vos jours, si vous restez fidèle à la vertu. J'ai insisté sur ce point, parce qu'en vous quittant, c'est le seul guide certain que je laisse auprès de vous. Allez, mon fils, allez, quelle soit la route que vous preniez, votre premier maître, votre ancien ami, aura toujours les yeux sur vous, vos succès seront les siens, et soit que vous y trouviez la gloire ou le bonheur, souvenez-vous quelquefois de l'homme obscur qui vous en a ouvert l'entrée.

FIN.

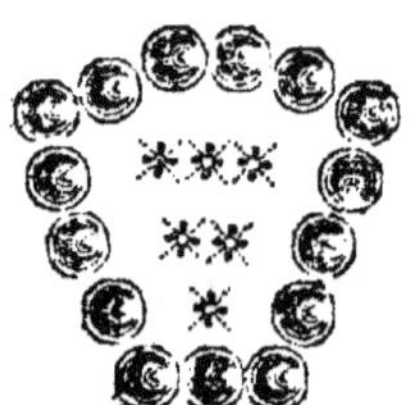

STANCES

SUR

LE RETOUR DE L'INSTRUCTION.

SORTI des mains de la nature,
L'homme apporte en son cœur mille germes heureux :
Mais si le soin et la culture
Ne fertilisent point ces fermens précieux,
Les vices aussitôt viennent en abondance
De ces sucs nourriciers dévorer la substance ;
 Puis, s'étendant de plus en plus,
Ils les étouffent tous sur le sein de leur mère,
Et demeurent ainsi héritiers d'une terre
Destinée à nourrir les plus belles vertus.

******

 JUSTICE, Vérité, Prudence,
Le vaisseau de la vie à vos mains destiné,
 Pendant le calme en assurance,
Croit, sans vous, affronter l'Océan mutiné :
Mais le Ciel tout-à-coup se couvre de nuages,
La foudre avec éclat appelle les orages,
 Et proclame au loin leur fureur ;
Seul, au milieu des flots, jouet de la tempête,
Le vaisseau lutte envain, et trop tard il regrette
Les vertus qui pouvoient l'arracher au malheur.

******

Ainsi , l'imprudent laisse au sage
D'importantes leçons dont il peut profiter.
L'exemple affreux de son naufrage
Lui dit comment lui-même il le doit éviter.
Au siècle qui le suit le siécle d'âge en âge
Transmet de ses erreurs l'immanquable héritage,
Le temps soigneux en tient recueil :
Et dans ce livre utile où chacun devroit lire ,
Aux mortels attentifs sa plume a su prescrire
Le chemin qu'il faut suivre à côté de l'écueil.

�֍✖✖✖✖

Mais de ce code salutaire ,
L'objet de nos vertus et la règle à-la-fois ,
L'instruction dépositaire,
Selon les lieux, les temps , en divulgue les lois.
Entend-elle frémir le démon de la guerre?
Sous un sceptre de fer écrase-t-on la terre ?
Ou l'ignorance au front d'airain
Vient-elle l'accabler d'injures et d'outrages?
De son livre aussitôt elle ferme les pages
Et fuit loin des mortels qui la cherchent envain.

✖✖✖✖✖

Combien , alors , de son absence
Une mère est punie , un père est désolé!
Combien ce guide de l'enfance ,
Dans ces temps malheureux , est de fois rappelé !
Ainsi , dans ses jardins , l'ami de la nature
Voit-il ses tendres fleurs dépérir , sans culture ;
Sa voix appelle chaque jour
Celui de qui la main les nourrit , les féconde ,
Et s'il ne paroit plus , dans sa douleur profoude ,
Il arrose de pleurs l'objet de son amour.

✖✖✖✖✖

3

LORSQUE l'erreur de cet Empire
Bannit l'instruction, en s'éloignant de nous
    Ses tristes yeux sembloient nous dire :
Mortels infortunés, hélas ! que faites-vous ?
Cruels, vous ravissez vos enfants à leur mére,
Vous foulez sous vos pieds le flambeau salutaire
    Qui doit guider vos pas douteux,
Qu'allez-vous devenir ? ah !, qu'allez-vous résoudre ?
Dans la plus sombre nuit, le feu seul de la foudre
Sur le bord de l'abîme éclairera vos yeux.

✻✻✻✻✻

    PEUT - ON vaincre sa destinée !
Assis sur un volcan couvert d'un lit de fleurs,
    L'ame aux transports abandonnée,
On s'endormit bercé par des songes flatteurs.
Mais si d'un doux sommeil on savoura les charmes,
Que le réveil, grand Dieu ! nous fit verser des larmes !
    O Muse, écarte ce tableau
Dont le triste sujet fait gémir la Patrie ;
Dis-nous plutôt, dis-nous, quel est l'heureux génie
Qui sut la retirer de la nuit du tombeau.

✻✻✻✻✻

    OFFRE à la terre dans sa gloire
Ce Dieu dont un regard a changé l'Univers,
    Ce Dieu, maître de la victoire,
Devant qui, sans efforts, s'applanissent les mers ;
Montre-le sur son char, mêlant à sa couronne
L'olive de la Paix au laurier de Bellone,
    Ou comme un astre radieux
Qui, planant sans jamais se coucher pour la France,
Fait briller ses rayons dont la douce influence
Sèche les derniers pleurs qui coulent de nos yeux.

✻✻✻✻✻

4

Si trop de gloire t'en impose,
Viens, sous des traits plus doux, le peindre à nos regards;
Viens l'offrir, propice à ta cause,
Ramenant en tous lieux les Muses et les Arts;
Leur rouvrant de ses mains ces monuments antiques,
Dépôts sacrés des mœurs et des vertus publiques,
Où nous verrons comme autrefois
L'instruction former ces Héros magnanimes,
Ces zélés Magistrats dont les talents sublimes
Font l'honneur des Etats et le soutien des Lois.

✳✳✳✳✳✳

C'est du Lycée et du Portique
Que la Grèce a jadis reçu tout son éclat,
Les Arts ont embelli l'Attique,
Rendu son nom plus grand, plus heureux son climat.
O Terre de Platon, d'Eumène, d'Aristide,
Et vous, Héros fameux, issus du sang d'Alcide,
Où sont vos dignes descendants?
Sur un sol sans vigueur, dégénéré, sauvage,
Vous les cherchez en vain: le plus vil esclavage
De l'abandon des Arts a puni vos enfants.

✳✳✳✳✳

Heureuses Rives de la Seine!
Bords charmants! lieux chéris des amants des neuf Sœurs!
La paix chaque jour vous ramène
Ces chantres immortels que regrettoient nos cœurs;
Vous entendez encor leur voix douce et docile.
Ainsi, jadis Mantoue, en revoyant Virgile,
Célébroit son heureux retour:
A son aspect, les Champs reprenoient leur verdure,
Les Bergers leurs chansons, les Nymphes leur parure,
Chantre de la Nature, il en étoit l'Amour.

✳✳✳✳✳

5

O touchant et sublime Empire
Des enfants du Génie! aux accents de vos voix,
Lorsqu'un Dieu puissant vous inspire,
La Nature s'émeut et renverse ses loix;
La pierre suit la pierre et s'élève en murailles,
Les rochers étonnés se trouvent des entrailles,
L'onde au milieu de ses détours
S'arrête.... admire..... oublie au charme qui l'enchaîne,
Que ses flots attendus font languir dans la plaine
Les troupeaux allarmés du retard de son cours.

❋❋❋❋❋❋

D'où vient cet ascendant suprême,
Ce prestige enchanteur dont l'étonnant pouvoir
Commande à la volonté même,
La tourne, la manie et peut seul l'émouvoir?
Qui, tandis qu'un penchant l'entraîne vers le crime,
La détourne aussitôt par un effort sublime
Et la ramène à la vertu?
Qui, dessillant nos yeux couverts par l'ignorance,
Nous montre les trésors de notre intelligence
Que sans lui notre esprit n'auroit point apperçu.

❋❋❋❋❋❋

C'est de l'instruction, leur mère,
Qu'ils ont reçu ce droit et cette autorité,
Et leur Empire est sur la terre
Le plus ferme soutien de la société.
Par lui, l'homme en naissant reçoit une Patrie,
Modère ses désirs, étend son industrie,
Et voit toujours devant ses yeux
La raison, ce flambeau l'arme de sa puissance,
Qui, de lui jusqu'à Dieu rapprochant la distance,
Le rend maître ici-bas comme il l'est dans les Cieux.

❋❋❋❋❋❋

Jeunes Rivaux, qui vous arrête?
Venez par vos efforts mériter les destins
    Que l'instruction vous apprête.
Brûlez-vous pour la gloire? elle en sait les chemins.
Voulez-vous des honneurs? c'est elle qui les donne.
Du crédit? l'homme instruit n'a besoin de personne.
    Dans ses talents et ses vertus
Il trouve son appui, son bonheur, sa fortune,
Et loin des embarras d'une vie importune,
Il ne sait qu'être heureux : que lui faut il de plus?

FIN.